Diseño de tapa e interior: Claudia Bertucelli

Título original: A STIRRING SIP OF CHICKEN SOUP FOR THE SOUL®: UPLIFTING MOMENTS FROM EVERYDAY HEROES

Primera edición publicada por
EDITORIAL ATLANTIDA S.A., Azopardo 579, Buenos Aires, Argentina.
Hecho el depósito que marca la Ley 11.723.
Libro de edición argentina.
Impreso en España. Printed in Spain. Esta edición se terminó de imprimir en el mes de noviembre de 1999 en los talleres gráficos Sagarra Mármol S.A., Barcelona, España.

I.S.B.N. 950-08-2228-8 México
I.S.B.N. 950-08-2230-X España
I.S.B.N. 950-08-2229-6 América del Sur y EE.UU.

Una tacita reconfortante de chocolate caliente para el alma

(América del Sur y Estados Unidos)

Una cucharada reconfortante de caldo de pollo para el alma

(México)

Una cucharada reconfortante de sopa de pollo para el alma

(España)

Para Maya
de su abuela
Carlota

EDITORIAL ATLANTIDA
BUENOS AIRES • MEXICO • SANTIAGO DE CHILE

Coraje en un incendio

Barbara A. Lewis

Melinda Clark colocó la manta debajo de la barbilla de Courtney y susurró: "Buenas noches, Corky".

Eran las diez de la noche y hora de dormir. Melinda sonrió y palmeó el enorme bulto causado por los noventa centímetros de largo del oso panda de Courtney. Las dos hermanas compartían la misma habitación, pero a Melinda no le importaba en absoluto a pesar de que ella tenía trece años. Courtney, que sólo tenía cuatro, también era como una hija para ella.

Melinda saltó debajo de sus propias mantas, pero no las estiró. Aun cuando era febrero y afuera había nieve escarchada sobre la tierra, esa noche parecía hacer un calor inusitado, sobre todo para Everett, Pensilvania.

Algo húmedo se movió con rapidez a lo largo de sus mejillas.

—¡Beau! Qué perro tan cariñoso.

El pastor en miniatura la lamió otra vez. Su cola aporreaba el costado de la cama y ella le frotó el pelaje color arena.

Melinda frunció la nariz ante el olor a humo que flotaba en el aire. Era probable que sólo fuese la estufa de leña de abajo. Las emanaciones del humo trepaban con facilidad por las escaleras.

El pequeño Justin, de dos años, la asustó cuando irrumpió a través de la puerta. Corrió hacia la cama de Melinda y agitó los puños.

—¡Mamá herida! —gritó; tenía la cara arrebatada.

—¿Qué?

Melinda se levantó de un salto. La alfombra le pareció demasiado caliente cuando la pisó con los pies descalzos. El olor a humo era más fuerte al ponerse de pie.

¿Qué estaba pasando? Se frotó la picazón de las mejillas y corrió al pasillo entre los dos dormitorios del segundo piso. Se detuvo. Cuando abrió la puerta en lo alto de la escalera, el humo se chupó los escalones con sus remolinos. Unas llamas anaranjadas restallaron y saltaron hacia ella como dedos crispados. Melinda se cubrió la cara y gritó.

—¡Wayne!

Se dio vuelta y corrió a buscar a gritos a su hermano de doce años. Aunque la luz de su dormitorio estaba encendida, ni siquiera podía ver la cama entre las espesas nubes de humo. Pero Wayne luchó a través de la bruma gris y tropezó con ella. Estaba en ropa interior.

—¡Mi ventana! —gritó Melinda.

Corrieron juntos hacia la habitación de Melinda y hasta las ventanas dobles, donde Wayne empezó a luchar con el cerrojo obstinado sobre el borde de arriba de la caja.

—¡Tira! ¡Arráncalo!

—¡Estoy tirando!

Las cortinas de fibra de vidrio se derritieron por los costados de la ventana y unos copos de plástico caliente quemaron la espalda desnuda de Wayne.

Melinda aplastó el puño contra el cerrojo. Si no conseguían abrirlo iban a morir... También Wayne le dio un puñetazo al cerrojo.

De pronto se movió y enseguida se abrió de un salto. Pero cuando empujaron la ventana se mantuvo bien cerrada, hinchada por las oleadas de calor.

A Melinda le picaban los ojos y le castañeteaban los dientes. ¡No iban a morir por esas llamas!

—¡Empujemos, Wayne! ¡Juntos! ¡Ahora!

Golpearon fuerte sobre la ventana.

—¡Otra vez! ¡Más fuerte!

Melinda tosió. Entonces tiró sus cincuenta kilos de peso detrás del empujón.

Wayne empujó también y por fin abrieron por la fuerza esa ventana terca.

Melinda le pidió a Wayne que trepara hasta el techo de plástico del porche y le alcanzó a Courtney por encima de la ventana. Entonces Melinda se impulsó sola por encima del borde de la ventana.

Los tres niños caminaron por el borde del techo en busca de un camino para bajar. Wayne saltó a la tierra para atrapar con sus brazos a los niños menores.

De pronto Melinda miró a Wayne con los ojos muy abiertos.

—¡Justin! ¿Dónde está Justin? ¡Justin! —gritó.

Él tenía que estar ahí, con ellos.

Sin detenerse siquiera para respirar, se dio vuelta y trepó otra vez por el borde caliente de la ventana.

—¡Justin! —llamó.

Cayó sobre sus manos y rodillas y gateó agachada sobre la alfombra caliente. Encontró el armario y tanteó con las manos en círculos. Ninguna señal de Justin. Trató de dar voces, pero se ahogó. Sentía la garganta como brasas calientes. Al tirar del camisolín enredado bajo sus rodillas ardientes, golpeó contra el perro y el pato de juguete de Courtney, de un metro y medio de altura, y los derribó a los dos.

¿Justin había regresado a su dormitorio? De ser así, ella nunca lograría pasar a través del humo y las llamas que ahora subían por la escalera abierta como si las absorbiera una aspiradora fuera de la ventana.

Se extendió a lo largo y tanteó debajo de la cama de Courtney. Ninguna señal de Justin.

Tosió en forma espasmódica y se apretó la garganta. No podía respirar. No iba a poder lograrlo.

Mientras gateaba hacia la ventana oyó un ruido que venía de debajo de su cama. Se arrastró por el suelo y extendió el brazo debajo de la cama. Su mano chocó con algo peludo. Beau. El perro gimió otra vez y le lamió la mano. Buscó con los dedos más atrás de Beau y tocó más pelo. Justin. También él se había escondido allí. "Gracias por gemir, Beau", pensó ella.

Aferró a Justin por el pelo y lo arrastró hacia fuera. Parecía un bebé koala mientras ella gateaba otra vez hacia la ventana.

Lo levantó por el borde de la ventana y trepó detrás, mientras boqueaba en busca de grandes cantidades de aire. Pero cuando pisó sobre el techo de plástico, el pie crujió a través del plástico derretido que le llegó hasta las rodillas. De un tirón, arrancó la pierna del agujero y caminó hasta el borde del techo.

Un segundo después explotó la ventana panorámica debajo de ellos. Volaron vidrios rotos hasta diez metros de distancia. Courtney y Justin gritaron y tiraron del brazo de Melinda.

—¡Beau! —gritó Melinda.

Miró hacia atrás a las llamas que lamían la ventana de su dormitorio.

—¡Oh, Beau!

Trató de tragar y, sin otra pausa, empujó a los dos niños menores del techo y los lanzó a la nieve desde más de cinco metros de altura. Saltó detrás de ellos y casi golpeó a Justin al tocar la tierra.

Un policía que había visto el fuego desde el camino levantó a los niños y los llevó cargados a través de vidrios rotos y nieve hasta su coche.

—¡Mami! —gritó Justin.

—¿Dónde está mamá? —preguntó Melinda.

Corrió hasta el porche de los vecinos justo cuando su madre corría por la nieve para envolver a Melinda en sus brazos.

—Estaba llamando a los bomberos —murmuró, sofocada, mientras estiraba el brazo para abrazar a Wayne.— Estaba abajo en el sótano, iba a sacar la ropa de la máquina de lavar. Te vi en lo alto de la escalera y te grité que te fueras de allí.

El policía llevó a los más pequeños a la casa del vecino. Llamaban a su papá, que trabajaba en el turno noche en Everite Door Manufacturing.

Melinda se cayó sobre una silla de lona. Las

voces y las caras giraban a su alrededor. Perdió el conocimiento por unos pocos instantes. Cuando volvió en sí estaba en una ambulancia. La luz roja parpadeaba y la sirena aullaba. Entró y salió del estado consciente varias veces antes de llegar al hospital.

Melinda fue tratada por inhalación de humo, al igual que sus hermanos y hermana. El camisón de Melinda estaba derretido en algunos lugares y aunque se le pegaba a la piel, el cuerpo debajo no estaba quemado.

Sin embargo, tanto ella como Wayne sufrieron quemaduras leves. La pierna de Melinda estaba rasguñada y quemada donde había traspasado el techo roto, mientras que la espalda de Wayne estaba quemada en pequeños sectores por las cortinas de fibra de vidrio. Courtney y Justin recibieron algunos rasguños al caer del alero. Sus pijamas estaban chamuscados. Pero los cuatro niños estaban vivos.

Justin no cesaba de repetir:

—Un ángel me levantó y me arrojó por la ventana. Era un ángel de verdad. Lo sé.

Melinda sonrió. Abrazó a Justin y cerró los ojos.

Nadie pudo determinar las causas del incendio.

—Cuando regresé al día siguiente, entonces me asusté de verdad —recuerda Melinda—. Cuando entramos en el piso de abajo fue muy extraño. Algunas cosas se habían quemado y otras no. Por ejemplo, el pez que todavía vivía y nadaba en su pecera en el comedor. Pero nuestros dormitorios estaban en ruinas.

De pronto sus ojos castaños se llenaron de lágrimas.

—Beau no logró salvarse. —Bajó la mirada. —Tuve que dejarlo debajo de mi cama.

Pero Justin se salvó porque Melinda gateó hacia atrás en medio de las llamas para salvar a su hermano. Su acción rápida y su coraje no le hubieran permitido desistir. Ella era un ángel de verdad.

Un agradecimiento muy atrasado

Laurie Pines

Cuando mi hijo Mark estaba en tercer grado, ahorró todas sus mesadas durante más de dos meses para comprar regalos de Navidad para aquellos que amaba. Había ahorrado veinte dólares. El tercer sábado de diciembre, Mark anunció que había hecho su lista y que tenía el dinero en el bolsillo.

Yo lo llevé a un "drugstore" local, la versión moderna de lo que solíamos llamar "todo por cinco y monedas". Mark tomó una canasta de mano y se largó por su propia cuenta, mientras yo esperaba paciente y leía un libro al frente del negocio. A Mark le llevó más de cuarenta y cinco minutos elegir sus regalos. Cuando se aproximó a la caja, la sonrisa en su rostro era en verdad gozosa. El empleado registró sus compras mientras yo miraba prudente para otro lado. Mark se mantuvo dentro de su presupuesto y buscó el dinero en su bolsillo. No estaba allí. Había un agujero, y el dinero había desaparecido. Mark se quedó en el medio del negocio sosteniendo la canasta, mientras las lágrimas le rodaban por las mejillas. Todo su cuerpo temblaba con los sollozos. Entonces sucedió algo asombroso. Una cliente del negocio se presentó ante Mark, se arrodilló para estar a su nivel y lo tomó en sus brazos.

—Me harías un gran favor si me permitieras reponer tu dinero. Sería el más maravilloso regalo que podrías hacerme jamás. Sólo pido que un día se lo hagas a otro. Un día, cuando hayas crecido, me gustaría que encontraras a alguien a quien pudieras ayudar. Cuando ayudes a esa otra persona, sé que te sentirás tan bien como yo ahora.

Mark tomó el dinero, trató de secarse las lágrimas y corrió lo más rápido que pudo hasta la caja. Creo que todos disfrutamos nuestros regalos ese año, casi tanto como Mark disfrutó al dárnoslos.

Me gustaría decirle gracias a esa increíble mujer. Me gustaría decirle que cuatro años más tarde, Mark fue de casa en casa para juntar mantas y abrigos para la gente del incendio en Oakland... y que pensó en ella. Me gustaría decirle que, cada vez que doy comida a una familia sin techo, pienso en ella. Y quiero asegurarle que Mark jamás olvidará prestar el dinero a otros.

“Todos estamos aquí para aprender”

Charles Slack

como lo relató Bessie Pender

—Dieciséis —dije.

He olvidado la pregunta de matemáticas que me hizo ese día mi maestra de segundo grado, Joyce Cooper, pero nunca olvidé la respuesta. Tan pronto como la cifra salió de mi boca, toda la clase de la escuela primaria Smallwood de Norfolk, Virginia, se echó a reír. Me sentí la persona más estúpida del mundo.

La señora Cooper les clavó una mirada severa y entonces dijo:

—Todos estamos aquí para aprender.

Otra vez, la señora Cooper nos pidió que escribiéramos un informe acerca de lo que deseábamos hacer con nuestras vidas. Yo escribí: "Quiero ser una maestra como la señora Cooper".

Ella escribió en mi informe: "Serás una maestra sobresaliente porque tienes decisión y te esfuerzas al máximo". Iba a llevar esas palabras grabadas en mi corazón durante los veintisiete años siguientes.

Después que me gradué en la escuela secundaria en 1976, me casé con un hombre maravilloso, Ben, un mecánico. En seguida nació Latonya.

Necesitábamos cada centavo sólo para sobrevivir. La universidad y la enseñanza estaban fuera de discusión. Pero me conformé con un trabajo en una escuela... como asistente del portero. Todos los días limpiaba diecisiete aulas en la escuela primaria Larrymore, incluida la de la señora Cooper. Ella había sido transferida a Larrymore después de que cerró Smallwood.

Yo quería decirle a la señora Cooper que todavía deseaba enseñar, y ella repetiría las palabras que había escrito en mi informe muchos años antes. Pero las cuentas a pagar parecían interponerse siempre en el camino.

Entonces un día de 1986 pensé en mi sueño, en lo mucho que había deseado ayudar a los niños. Pero para hacer eso tenía que llegar por las mañanas como una maestra, no por las tardes para fregar el suelo.

Hablé sobre eso con Ben y Latonya y quedó decidido: me inscribiría en la universidad Old Dominion. Durante siete años asistí a las clases por la mañana antes de ir al trabajo. Estudiaba cuando llegaba a casa. En los días en que no había clases a las que debía asistir, trabajaba como maestra asistente para la señora Cooper.

A veces me preguntaba si tendría la fuerza para lograrlo. Cuando tuve mi primer fracaso en un examen, hablé de abandonar. Mi hermana menor, Helen, se negó a escucharme.

—Tú quieres ser maestra —dijo—. Si renuncias ahora, nunca realizarás tu sueño.

Helen sabía mucho acerca de no renunciar... llevaba años luchando contra la diabetes. Cuando alguna de las dos estaba deprimida, ella decía:

—Vas a lograrlo. Vas a lograrlo.

En 1987, Helen, de sólo veinticuatro años, murió de insuficiencia renal relacionada con la diabetes. Ahora dependía de mí alcanzar el éxito por las dos.

El 8 de mayo de 1993 llegó el día de mis sueños: la graduación. Al obtener mi título universitario y la licencia estatal para enseñar, estaba oficialmente calificada para ser maestra.

Mantuve entrevistas con tres escuelas. En la escuela primaria Coleman Place, la directora Jeanne Tomlinson dijo:

—Tu cara me resulta tan conocida.

Más de diez años antes ella había trabajado en Larrymore. Yo limpiaba su aula y ella me recordaba.

Pero no recibí ofertas concretas. La llamada llegó justo cuando acababa de firmar mi decimoctavo contrato como asistente de portero. Coleman Place tenía un puesto para mí como maestra de quinto grado.

Al poco tiempo de empezar sucedió algo que me devolvió rápido al pasado. Yo había escrito en la pizarra una frase llena de errores gramaticales, y les pedí a los estudiantes que pasaran al frente a corregir los errores.

Una niña se adelantó hasta mitad de camino, se mostró confundida y se detuvo. Cuando los otros niños se echaron a reír, las lágrimas le rodaron por las mejillas. Yo la abracé y le dije que tomara un trago de agua. Entonces, al recordar a la señora Cooper, clavé una mirada severa en el resto de la clase:

—Todos estamos aquí para aprender —sentencié.

¡Ni uno solo!

Dave Galloway

El pequeño Chad era un niño tímido y tranquilo. Un día llegó a casa de la escuela y le dijo a su madre que quería hacer tarjetas de saludo para todos los de su clase en el día de San Valentín. A ella le partió el alma y pensó: "¡Ojalá no lo hiciera!", porque había observado a los niños cuando regresaban de la escuela. Reían y se colgaban unos de otros y hablaban entre sí. Pero nunca incluían a Chad. No obstante, decidió apoyar a su hijo. De modo que compró el papel, el pegamento y los lápices de colores. Por la noche, con todo esmero, Chad escribió treinta y cinco tarjetas llenas de afecto.

Amaneció el día de San Valentín y Chad estaba fuera de sí de entusiasmo. Apiló las tarjetas con sumo cuidado, las guardó en su mochila y salió deprisa. Su madre decidió hornear sus pastelillos favoritos y servírselos crujientes y calientes junto con un vaso de leche fría cuando regresara de la escuela. Es que ella sabía que él volvería decepcionado y tal vez eso mitigara un poco su pesar. Le dolía pensar que su hijo no lograría muchas tarjetas... tal vez ninguna en absoluto.

Esa tarde tenía los pastelillos y la leche sobre la mesa. Cuando oyó las voces de los niños afuera, miró por la ventana. En efecto, ahí venían ellos, riendo y pasándolo en grande. Y, a la cola como siempre, venía Chad. Caminaba un poco más rápido de lo habitual. Ella esperaba con certeza que estallara en lágrimas en cuanto entrara. Notó que sus brazos estaban vacíos y, cuando se abrió la puerta, la madre apenas reprimió las lágrimas.

—Mamá tiene algunos pastelillos y leche para ti —dijo.

Pero Chad apenas escuchó sus palabras. Sólo siguió derecho al pasar junto a ella con la cara arrebatada, y lo único que dijo fue:

—Ni uno solo. Ni uno solo.

A ella se le oprimió el corazón.

Y entonces él agregó:

—No olvidé a ninguno, ¡ni uno solo!

Enciende tu luz

Eric Allenbaugh

Más de tres décadas atrás, yo era un alumno de segundo año en una escuela secundaria grande en el sur de California. El cuerpo de tres mil doscientos estudiantes era un crisol de diferencias étnicas. El ambiente era difícil. Cuchillos, tubos, cadenas, mitones de bronce y, en ocasiones, revólveres con silenciador eran algo común. Las peleas y la actividad de las pandillas eran hechos cotidianos.

Después de un partido de fútbol en el otoño de 1959, abandoné las gradas junto con mi novia. Mientras caminábamos por la acera atestada de gente, alguien me dio un puntapié desde atrás. Al darme vuelta, me encontré con la pandilla local, armada con mitones de bronce. El primer golpe del ataque sin motivo me rompió la nariz, uno de los varios huesos que se iban a romper durante la paliza. Los puños venían de todas direcciones mientras los quince miembros de la pandilla me rodeaban. Más lesiones, una conmoción cerebral, hemorragias internas. Finalmente tuvieron que someterme a cirugía. Mi médico me dijo que de haber sido golpeado una vez más en la cabeza, era probable que hubiese muerto. Afortunadamente no le hicieron daño a mi novia.

Después de mi recuperación desde el punto

de vista médico, algunos amigos se acercaron a mí y me manifestaron:

—¡Vamos a agarrar a esos tipos!

Ésa era la manera en que se "resolvían" los problemas. Después de ser atacado, se convertía en una prioridad emparejar los tantos. Una parte de mí dijo: "¡sí!". El sabor dulce de la venganza era a todas luces una opción.

Pero otra parte de mí hizo una pausa y dijo: "no". La venganza no resolvía nada. La historia había demostrado una y otra vez con total claridad que las represalias sólo aceleraban e intensificaban los conflictos. Necesitábamos hacer algo diferente para quebrar esa infructuosa cadena de sucesos.

Mediante el trabajo con varios grupos étnicos, formamos lo que dimos en llamar "Comité de Hermandad" para trabajar en el mejoramiento de las relaciones raciales. Me asombró saber cuánto interés tenían mis compañeros en construir un futuro más brillante. No todos se convencieron de la necesidad de hacer las cosas de manera diferente. Mientras un pequeño número de estudiantes, docentes y padres se oponían en forma activa a estos intercambios culturales cruzados, más y más individuos se unían al esfuerzo de lograr una diferencia positiva.

Dos años más tarde me postulé como presidente del centro de estudiantes. Aun cuando competía contra dos amigos, uno un héroe del fútbol y el otro una personalidad muy popular en el campus, una mayoría significativa de los tres mil doscientos estudiantes se unió a mí en el proceso de hacer las cosas de manera diferente. No

¡Es asombroso
lo que sucede
cuando la gente
arregla las cosas
hablando!

voy a decir que los problemas raciales se resolvieron por completo. Sin embargo, hicimos importantes progresos en la construcción de puentes entre culturas, en aprender cómo hablar y relacionarnos con los distintos grupos étnicos, en resolver las diferencias sin recurrir a la violencia, y en generar confianza en las circunstancias más difíciles. ¡Es sorprendente lo que sucede cuando las personas se deciden a conocerse!

El ataque sufrido fue, sin lugar a dudas, uno de los momentos más duros de mi vida. Sin embargo, lo que aprendí acerca de responder con amor en lugar de devolver odio, ha sido una fuerza poderosa en mi vida. Encender tu luz en presencia de aquellos cuya luz es difusa, se convierte en la diferencia que marca la diferencia.

Cumbres de Estados Unidos

Lisa Manley

"¿Por qué a mí?", gritó Todd cuando el padre rescató su cuerpo ensangrentado del lago y lo subió al bote. Todd estuvo inconsciente mientras su padre, dos hermanos y tres amigos lo arrastraban hasta la orilla para conseguir ayuda.

Todo había sido muy surrealista. Habían pasado un día divertido haciendo esquí acuático en un lago de Oklahoma, donde vivían sus abuelos. Después de esquiar, Todd quiso bucear. Mientras se desataba los esquís, los motores empezaron a girar al revés y le chuparon las piernas hacia las hélices, todo en una milésima de segundo. Cuando lo oyeron gritar, ya era demasiado tarde. Ahora estaba en el hospital, y su vida pendía de un hilo.

Tenía las dos piernas muy lastimadas. El nervio ciático de la derecha quedó destruido, lo que le dejó la pierna paralizada para siempre de la rodilla para abajo. Los médicos dijeron que existía la posibilidad de que no pudiera volver a caminar. Todd se recuperó poco a poco de sus heridas, pero más tarde una enfermedad en el hueso le afectó el pie derecho. Durante los siete años siguientes, luchó física y emocionalmente por conservar su pierna. No obstante, llegó el momento en que tuvo que enfrentar su mayor miedo.

En un día gris de abril de 1981, Todd yacía inconsciente en el quirófano del hospital general de

Massachusetts esperando que tuviera lugar el procedimiento. Hablaba con calma al personal del hospital sobre la clase de pizza que quería comer después de la operación. "Me gusta con panceta y ananá", bromeaba. A medida que se acercaba el momento temido, se sentía invadido por una oleada de serenidad. Su corazón se llenaba de paz mientras pensaba en un versículo de la Biblia que había aprendido en su infancia: "La rectitud lo guía y prepara el camino para sus pasos".

Todd tenía la firme convicción de que el siguiente paso era llevar a cabo la amputación. Habían desaparecido todas las dudas y lo que prevalecía era el coraje frente a lo inevitable. Para alcanzar el estilo de vida que él quería, debía perder la pierna. En pocos minutos, ésta desapareció, pero un futuro nuevo se abrió para él.

A instancias de sus amigos y su familia, estudió psicología. Se licenció con honores y después empezó a trabajar como director clínico del Centro de Recursos para Amputados en el sur de California. Con su formación en psicología y su experiencia personal como amputado, empezó a notar que era capaz de, a través de su trabajo, cambiar la vida de otros.

"Los pasos que debo dar en mi vida están señalados —recordaba—. Supongo que estoy en el camino correcto, pero —se preguntaba—, ¿cuál es mi próximo paso?"

Hasta el accidente, había llevado una vida normal. Viajaba a dedo, hacía campamento, practicaba deportes, flirteaba con chicas y salía con amigos. Lesionado, siguió con sus relaciones sociales, pero tenía problemas para hacer deportes. La pierna artificial que le pusieron después de la amputación le permitió volver a caminar, pero no mucho más que eso.

De noche, Todd a veces soñaba que corría a través de verdes praderas, para luego despertarse ante la dura realidad de la situación. Quería volver a correr. Con desesperación.

En 1993, logró cumplir su deseo. Habían desarrollado un nuevo tipo de prótesis llamado Flex-Foot. Se compró una.

Al principio le costaba mucho correr, tropezaba con los pies y le faltaba el aire. No obstante, gracias a su perseverancia, muy pronto pudo correr dieciocho kilómetros diarios.

Mientras desarrollaba su destreza, un amigo encontró un artículo en una revista y pensó que tal vez a Todd podía interesarle. Una organización buscaba una persona amputada para escalar la montaña más alta de cada uno de los cincuenta estados. Habría otros cuatro alpinistas discapacitados, e intentarían batir un récord escalando los cincuenta montes en cien días o menos.

Todd se entusiasmó con la idea. "¿Por qué no intentarlo? —pensó—. Antes me gustaba mucho salir de excursión y ahora tengo la oportunidad de explorar mis límites." Se presentó y lo aceptaron de inmediato.

El inicio de la expedición se fijó para abril de 1994. Todd tenía casi un año para prepararse. Empezó a entrenar para escalar todos los días. Cambió su dieta y los fines de semana iba a escalar rocas. Todos estaban de acuerdo en que era una buena idea, pero algunos pensaban que tal vez no fuera la decisión más responsable.

Todd no permitía que estas preocupaciones negativas lo amedrentaran. Sabía que era lo que correspondía hacer. Cuando rezaba pidiendo una orientación, sentía que era el paso siguiente que debía dar en su vida.

Todo marchó a la perfección hasta febrero de 1994 cuando recibió una noticia desalentadora. No había fondos para la expedición. El coordinador del proyecto dijo que lo lamentaba, pero que lo único que se podía hacer era cancelarlo.

"¡Yo no voy a abandonar! —exclamó Todd—. Le dediqué demasiado tiempo y trabajo para dejar todo ahora. Aquí hay un mensaje que debe ser escuchado y, con la ayuda de Dios, encontraré la forma de que esta expedición se realice."

Impulsado por la noticia, Todd puso el motor en marcha. Durante las seis semanas siguientes, reunió suficiente apoyo financiero como para organizar otra expedición. Consiguió que varios amigos lo ayudaran con la logística del ascenso. Whit Rambach sería su compañero y yo, Lisa Manley, manejaría el asunto en el frente local. Con todo ya en orden, lanzó como estaba previsto su nueva expedición, llamada "Cumbres de Estados Unidos".

Mientras Todd se preparaba, se enteró de que sólo treinta y una personas habían llegado a la cima de las cincuenta elevaciones. Eran más los que lograron escalar el monte Everest, la montaña más alta del mundo.

Todd y Whit comenzaron con el récord de escalar las cincuenta elevaciones a las cinco y diez de la tarde del 1º de junio de 1994 en el monte McKinley de Alaska. Adrian Crane, que tenía el récord anterior, y Mike Vining, un sargento del ejército, los ayudaron en su ascenso del Denali, el nombre indio del monte McKinley.

"Las condiciones en la montaña eran sumamente impredecibles —relató Todd—. Podían formarse tormentas en cuestión de horas. Era como un juego del gato y el ratón tratando de llegar a la cima.

"La temperatura bajaba a veces a menos de quince grados bajo cero. Nos llevó doce días luchar contra el clima, los mareos por la altura y la realidad del peligro. Yo sabía que la montaña podía ser peligrosa, pero no en qué medida hasta que no vi cómo arrastraban dos cuerpos congelados montaña abajo.

"Avanzábamos paso por paso. Los últimos trescientos metros fueron los más difíciles. Por cada paso que daba, respiraba tres veces. Me decía a mí mismo que mi mensaje sólo sería escuchado si llegaba a la cima. Esa idea me impulsaba a seguir avanzando."

El resto de la expedición fue a un ritmo rápido y divertido. Hooked on Phonics vino en auxilio de Cumbres de Estados Unidos y financió el resto del ascenso. La gente empezó a interesarse por Todd, su decisión de batir el récord y su historia. A medida que viajaba por el país su mensaje trascendía a través de los diarios, la televisión y la radio.

Todo estaba bien encaminado hasta que llegó el momento de escalar la elevación número 47: el monte Hood, en Oregon. Una semana antes, dos personas habían perdido la vida en esa montaña. Todos aconsejaron a Todd y a Whit que no hicieran el ascenso. Decían que no valía la pena correr el riesgo.

Lleno de incertidumbre y aprehensión, Todd se puso en contacto con su viejo amigo de la secundaria Fred Zalokar, experto alpinista. Cuando Fred supo cuál era la situación, le dijo: "Todd, has llegado muy lejos para abandonar ahora. Déjame ir contigo. Yo te ayudaré a escalar esa montaña; y a salvo".

Después de una serie de discusiones con autoridades del área y una cuidadosa planificación, Todd, Whit y Fred llegaron a la cima del monte Hood. Apenas tres elevaciones más separaban a Todd del récord.

El 7 de agosto de 1994, a las once y cincuenta y siete de la mañana, Todd estaba, victorioso, sobre el pico del Mauna Kea, en Hawaii. Había escalado las cincuenta elevaciones en sólo 66 días, 21 horas y 47 minutos, ¡con lo cual superaba el récord por treinta y cinco días!

Más asombroso aún era que Todd, con una pierna amputada, batiera un récord establecido por un hombre con las dos piernas.

Todd estaba exultante, no sólo porque había batido un nuevo récord mundial de ascenso, sino porque ahora conocía la respuesta a la pregunta: "¿Por qué a mí?", que lo obsesionaba desde su accidente en el lago.

A los treinta y tres años, vio cómo el triunfo sobre su tragedia podía ayudar a muchas personas de todas partes a creer en su capacidad para superar sus desafíos personales. Con serena seguridad, afirma: "Con fe en Dios y confiados en las capacidades que Él nos da, podemos vencer cualquier desafío que debamos enfrentar en la vida".

...entonces supo
la respuesta
a la pregunta:
"¿Por qué a mí?".

En busca de mis alas

Sue Augustine

Como les sucede a tantas muchachas, al ir creciendo mi confianza era casi inexistente. Dudaba de mis capacidades, tenía poca fe en mi potencial y ponía en tela de juicio mi valor personal. Si obtenía buenas calificaciones, creía que era sólo una cuestión de suerte. Aunque hacía amistades con facilidad, me preocupaba la idea de que la relación no durara una vez que llegaran a conocerme. Y cuando las cosas salían bien, pensaba que sólo había estado en el lugar correcto en el momento correcto.

Las elecciones que hacía reflejaban mi propia imagen. Cuando tenía diecisiete años atraje a un hombre con la misma baja autoestima. A pesar de su carácter violento y de que nuestro noviazgo fue duro en extremo, decidí casarme con él. Todavía recuerdo que mi padre, antes de caminar juntos hacia el altar, me susurró:

—No es demasiado tarde, Sue. Puedes cambiar de opinión.

Mi familia sabía qué error terrible iba a cometer. En el término de pocas semanas yo también lo supe.

El abuso físico duró varios años. Sobreviví a lesiones graves, la mayor parte del tiempo estaba cubierta de magulladuras, y tuve que ser hospitalizada en numerosas ocasiones. La vida se convirtió en una confusión de sirenas de la policía, informes médicos y comparecencias ante el tribunal de familia. Pero yo siempre volvía a la relación con la esperanza de que las cosas mejoraran de alguna manera.

Después de que nacieron nuestras dos hijas, había veces en que lo único que me daba tranquilidad durante la noche era tener esos bracitos regordetes alrededor de mi cuello, esas mejillas mofletudas apretadas contra las mías y unas preciosas vocecitas que me susurraban:

—Está todo bien, mami. Todo se va a arreglar.

Pero yo sabía que no se iba a arreglar. Tenía que hacer cambios... si no por mí, sí para proteger a mis pequeñas hijas.

De pronto algo me dio el valor para cambiar. A través del trabajo pude asistir a una serie de seminarios de desarrollo profesional. En uno de ellos, una presentadora habló acerca de convertir los sueños en realidad. Me resultaba difícil soñar siquiera con un futuro mejor. Pero algo en el mensaje me hizo escuchar.

Ella nos pidió que considerásemos dos temas fuertes.

—Si ustedes pudieran ser, hacer o tener algo en el mundo, y si supieran que sería imposible fracasar, ¿qué escogerían? Y si pudieran crear su vida ideal, ¿qué se atreverían a soñar?

En ese momento mi vida empezó a cambiar. Empecé a soñar.

Imaginaba que tenía el coraje para mudar a las niñas a un apartamento propio y empezar de nuevo. Imaginaba una vida mejor para las niñas y para mí. Soñaba con dar charlas sobre motivación en diferentes países, para poder así inspirar a las personas del mismo modo que la conductora del seminario me había inspirado a mí. Me veía escribiendo mi historia para alentar a otras personas.

De ese modo continué creando una imagen visual clara de mi nuevo éxito. Me veía vestida con un traje rojo de ejecutiva, con un portafolio de cuero en el momento de subir a un avión. Esto era casi una exageración para mí, dado que en aquel entonces no me podía dar el lujo siquiera de comprar un traje.

Sin embargo, sabía que si iba a soñar, era importante incluir detalles para mis cinco sentidos. De modo que fui a un negocio de artículos de cuero y modelé un portafolio delante del espejo. ¿Cómo se veía y se sentía? ¿Por qué el cuero olía así? Me probé unos trajes rojos y hasta encontré y compré una foto de una mujer que vestía un traje rojo, llevaba un portafolio y subía a un avión. Colgué la foto en un lugar donde podía verla durante todo el día. Me ayudó a mantener vivo mi sueño.

Y pronto empezaron los cambios. Mudé a las niñas a un apartamento pequeño. Con sólo noventa y ocho dólares por semana, comíamos mucha mantequilla de maní y teníamos un coche viejo. Pero por primera vez nos sentíamos libres y a salvo. Yo trabajaba mucho en mi carrera de ventas, concentrada todo el tiempo en mi "sueño imposible".

Entonces un día contesté el teléfono, y la voz del otro lado me pidió que hablara en la próxima conferencia anual de la empresa. Acepté y mi charla fue un éxito. Esto me llevó a una serie de ascensos y con el tiempo me convertí en instructora nacional de ventas. Luego desarrollé mi propia empresa de conferencias y he viajado a muchos países alrededor del mundo. Mi "sueño imposible" se había convertido en realidad.

Creo que todo éxito empieza con el despliegue de tus ALAS... creyendo en tu valor, confiando en tu discernimiento, alimentando tu ego, teniendo un objetivo y proyectando una estrategia personal. Y entonces, hasta los sueños imposibles se hacen realidad.

"Si pudieras ser,
hacer o tener
cualquier cosa
en el mundo,
y supieras que es
imposible fracasar,
¿qué elegirías?"

Coraje en acción

Bill Sanders

Un par de años atrás fui testigo de un acto de coraje que me hizo correr un escalofrío por la columna vertebral.

En una asamblea de la escuela secundaria, yo hablé del tema de molestar a las personas y de cómo cada uno de nosotros tiene la capacidad de dar la cara por la gente en lugar de humillarla. Después teníamos un momento en que alguno podía bajar de las gradas y hablar ante el micrófono. Los estudiantes podían decir gracias a alguien que los había ayudado, y algunas personas se presentaron y lo hicieron. Una chica agradeció a algunos amigos que la habían ayudado cuando atravesó algunos problemas familiares. Un muchacho habló de algunas personas que lo habían apoyado durante un difícil momento emocional.

Entonces se puso de pie una chica del último año. Caminó hasta el micrófono, apuntó hacia la sección de segundo año y desafió a toda la escuela.

—Dejemos de molestar a ese muchacho. Seguro, él es diferente, pero en este asunto estamos juntos. En su interior no es diferente de nosotros y necesita nuestra aceptación, amor, compasión y aprobación. Necesita un amigo. ¿Por qué lo tratamos siempre con crueldad y lo humillamos? ¡Yo desafío a toda la escuela a quitarle ese peso de encima y a darle una oportunidad!

Durante todo el tiempo yo estaba de espaldas a la sección donde estaba el muchacho y no tenía la menor idea de quién era. Pero era evidente que la escuela lo sabía. Sentí casi miedo de mirar hacia su sección, pensaba que el muchacho debía estar colorado, desearía arrastrarse debajo de su asiento y ocultarse del mundo. Pero cuando miré hacia atrás, vi un muchacho que sonreía de oreja a oreja. Rebotaba en su asiento con todo el cuerpo y alzaba un puño en el aire. Su lenguaje corporal decía:

—¡Gracias, gracias! No dejes de hablarles. ¡Hoy me salvaste la vida!

Hemos recorrido un largo camino

Pat Bonney Shepherd

En 1996, las mujeres en general formamos una red sólida y nos apoyamos unas a otras como lo habían hecho ya durante décadas los hombres. Para las mujeres es un mundo mucho más placentero de lo que era cuarenta o cincuenta años atrás. Todas las veces que me complazco con eso pienso en mi madre... y me pregunto si yo hubiera podido sobrevivir a todo lo que ella tuvo que pasar en aquel entonces.

Hacia 1946, mi madre, Mary Silver, llevaba casi siete años casada con Walter Johnson y era madre de cuatro niños activos y bulliciosos. Yo era la mayor con casi seis años, los otros me seguían muy de cerca: dos varones de cuatro y dos años, y por último una niña, todavía sólo un bebé. Vivíamos en una casa muy vieja sin ningún vecino cerca.

Sé poco de la vida de mis padres en aquellos tiempos, pero al haber criado yo misma dos hijos en un rincón remoto del país, puedo imaginar cómo debe haber sido, en especial para mi madre. Con cuatro hijos pequeños, un esposo cuyo sentido de la obligación se limitaba sólo a llevar tocino a casa y a cortar la hierba, sin vecinos y casi ninguna oportunidad de hacer una amistad por su cuenta, prácticamente no tenía un lugar donde dar salida a las intensas presiones que deben haberse arraigado dentro de ella. Por alguna razón, mi padre decidió que ella era una "descarriada". Es un misterio para mí cuándo podría haber encontrado el tiempo y con quién habría estado en condiciones de encontrarse, mucho menos de "descarriarse", puesto que nosotros cuatro estábamos todo el tiempo tirándola de la falda. Pero mi padre lo decidió así, y así debía ser.

Un día de 1946, a principios de la primavera, mi madre salió de la casa para comprar leche para el bebé. Cuando regresó, mi padre estaba parado en la ventana de arriba con un revólver.

—Mary, si tratas de entrar en la casa —gritó—, mataré a tus hijos.

Ésa fue la manera en que le hizo saber que presentaría una demanda de divorcio.

Ésa fue la última vez que mi madre vio la casa. Se vio obligada a irse con sólo la ropa que llevaba puesta, el dinero en su bolsa... y un litro de leche. Es probable que hoy tuviera opciones: un albergue local, un número telefónico donde pedir ayuda, una red de amistades que habría hecho a través de un empleo de tiempo completo o parcial. Hubiera tenido una libreta de cheques y tarjetas de crédito en su bolsillo. Y hubiera podido volver sin vergüenza con su familia para pedir apoyo. Pero en 1946 no tenía nada de eso. Las personas casadas no se divorciaban, así de simple.

De modo que ahí estaba, completamente sola. En realidad, mi padre se las había arreglado para volver en contra de ella a su propio padre. Mi abuelo le prohibió a mi abuela hablar con su hija, justo cuando su hija la necesitaba más que nunca.

En algún momento antes de que se presentaran ante la corte, mi padre se puso en contacto con ella.

—Mira, Mary, en realidad no quiero el divorcio —dijo—. Hice todo esto sólo para darte una lección.

Pero mi madre pudo ver que, aunque su situación era muy mala, era preferible a volver con mi padre y dejar que él educara a los niños. De modo que, en resumen, manifestó:

—De ninguna manera. He llegado demasiado lejos, no hay posibilidad de retorno.

¿Adónde podía ir? No había ninguna manera de volver a su casa. No podía quedarse en Amherst. Primero, porque no conocía a nadie que la recibiera; segundo, porque con el regreso de los soldados no había ninguna esperanza de trabajo para ella; y por último y más importante, porque mi padre estaba allí. De modo que tomó un ómnibus hacia el único lugar que le ofrecía alguna opción para ella: la ciudad de Nueva York.

Mi madre tenía una cosa a su favor: una buena educación y un título en matemáticas de la universidad de Mt. Holyoke. Pero había seguido el camino habitual de las mujeres en la década de los 30 y los 40: había ido directamente de la escuela secundaria a la universidad y, de allí, al matrimonio. No tenía la menor idea acerca de cómo encontrar trabajo y mantenerse.

La ciudad de Nueva York tenía varias cosas a su favor: estaba a sólo trescientos veinte kilómetros de distancia, de modo que podía permitirse el lujo de comprar un billete, y era una gran ciudad, así que debía haber un empleo oculto en alguna parte. Definitivamente tenía que encontrar una manera de mantenernos a nosotros cuatro. Al llegar a Nueva York, localizó una YWCA [Asociación Cristiana de Mujeres] donde pudo quedarse por un dólar cincuenta la noche. En las cercanías había un bar automático donde podía poner una moneda en las ranuras junto a los escaparates que mostraban la comida, y por más o menos un dólar por día, se alimentaba con sándwiches de huevo y café. Luego empezó a caminar las calles.

Durante varios días, que se hicieron varias semanas, no encontró nada: no había ningún trabajo para profesores de matemáticas, hombres o mujeres. Cada noche regresaba a la Asociación, lavaba su ropa interior y su blusa blanca, las colgaba para secar, y por la mañana usaba la plancha de la Asociación para quitar las arrugas de la blusa. Estas prendas, junto con una falda de franela gris, constituían todo su guardarropa. Cuidar de ellas le llevaba una larga porción de las largas noches que debía enfrentar sola en la Asociación. Sin libros ni monedas o centavos para comprar un periódico, sin teléfono (y nadie a quien llamar si hubiese tenido uno), y ninguna radio excepto en la planta baja (donde la cantidad de huéspedes de la Asociación era en cierto modo aterradora), las noches deben haber sido verdaderamente terribles.

Como era previsible, su dinero se acababa y también la lista de agencias de empleo. Por fin, un jueves muy especial, llegó a la última agencia de empleos de la ciudad con, en el bolsillo, menos del dólar cincuenta que necesitaba para el alojamiento de esa noche. Trataba con todas sus fuerzas de no pensar en pasar la noche en la calle.

Subió a pie varios pisos para llegar a la agencia, llenó los formularios obligatorios, y cuando le llegó el turno de la entrevista se armó de fuerzas para la mala noticia:

—Lo lamentamos mucho, pero no tenemos nada para usted. Apenas contamos con empleos suficientes para los hombres que tenemos que colocar.

Porque, por supuesto, los hombres estaban primero para cualquier empleo disponible.

Mi madre no sintió nada cuando se levantó de su silla y se volvió hacia la puerta. Aturdida, estaba casi fuera de la puerta cuando se dio cuenta de que la mujer había murmurado algo más.

—Lo siento, no entendí eso. ¿Qué dijo? —preguntó.

—Bueno, dije que siempre está George B. Buck y Cía., pero nunca nadie quiere ese empleo. Nadie se queda jamás allí —repitió la mujer, mientras apuntaba con la cabeza hacia una caja de fichas de archivo encima de un escritorio contiguo.

—¿De qué se trata? Hábleme de eso —pidió mi madre, ansiosa, y volvió a sentarse en la silla de madera—. Yo aceptaré cualquier cosa. ¿Cuándo puedo empezar?

—Bueno, es un trabajo como secretaria de actuario, para lo cual usted está calificada, pero la paga no es buena y estoy segura de que a usted no le gustaría —dijo el agente mientras sacaba de la caja de archivo la ficha pertinente—. Veamos, aquí dice que puede empezar en cualquier momento. Supongo que eso significa que usted podría presentarse allí ahora. La mañana no está muy avanzada todavía.

Mi madre cuenta que literalmente le arrancó la ficha de la mano al agente y se precipitó escaleras abajo. Ni siquiera se detuvo a tomar aliento mientras corría varias manzanas hasta la dirección anotada en la ficha. Cuando se presentó ante el sorprendido gerente de personal, él decidió que en realidad podía empezar esa misma mañana, si quería, ya que había mucho que hacer. Y resultó que ese jueves era día de pago. En aquellos tiempos, las empresas pagaban a sus empleados por el tiempo trabajado hasta, e incluido, el mismo día de pago. Fue así como, de manera milagrosa, al llegar las cinco de la tarde recibió dinero en efectivo por las cinco horas que había trabajado ese mismo día. No era mucho, pero le alcanzó hasta el jueves siguiente, y después hasta el otro y así sucesivamente.

Mary Silver Johnson permaneció en George B. Buck & Company treinta y ocho años y alcanzó una posición de mucho respeto en la compañía. Recuerdo que tenía una oficina en una esquina, lo cual no era una hazaña menor en el centro de Manhattan. Después de haber cumplido diez años en la empresa, estuvo en condiciones de comprarnos una casa en un suburbio en Nueva Jersey, a media cuadra de la parada de un ómnibus que iba a Nueva York.

En la actualidad, parece que de cada dos casas una es manejada por una madre sola que trabaja, y uno se olvida con facilidad que alguna vez ha habido épocas en que una vida como ésa era impensable. Soy humilde al reflexionar sobre los logros de mi madre y a la vez estoy henchida de orgullo. Si he recorrido un largo camino, nena, es porque durante gran parte de ese camino he sido impulsada por los esfuerzos de muchas, muchas otras mujeres antes de mí... con esa mujer notable, mi madre, a la cabeza del camino.

Uno para el equipo

Kim Noone

Esta historia fue relatada un domingo por un viejo sacerdote. Es una historia real de cuando él servía en el ejército.

Un día apareció el sargento instructor y arrojó una granada de mano a un grupo de soldados. Todos los hombres corrieron y se pusieron a cubierto. Entonces el sargento instructor les dijo que la granada no estaba lista para explotar y que él sólo quería ver cómo reaccionaban. Al día siguiente se incorporó al grupo un soldado reclutado recientemente. El sargento instructor ordenó a los otros soldados que no le dijeran nada al nuevo acerca de lo que iba a suceder. Cuando apareció el sargento y arrojó la granada a una multitud de soldados, el nuevo soldado, sin saber que no iba a explotar, se tiró encima de ella para evitar que matara a los otros hombres. Él estaba dispuesto a morir por sus compañeros.

Ese año, el joven soldado fue condecorado con la única medalla al valor y al heroísmo que no había sido ganada durante una batalla.

Estaba dispuesto
a morir por
sus compañeros.

Coraje en un incendio (Traducción: Lucía de Stoia). Extraído *de Kids with Courage: True Stories About Young People Making a Difference*, de Barbara A. Lewis. ©1992. Reproducido con autorización de Free Spitrit Publishing Inc., Minneapolis, MN; 800-735-7323. Derechos reservados. (*Chicken Soup for the Teenage Soul*)

Un agradecimiento muy atrasado (Traducción: Lucía de Stoia). Reproducido con autorización de Laurie Pines. ©1996 Laurie Pines. (*A Cup of Chicken Soup for the Soul*)

"Todos estamos aquí para aprender" (Traducción: Lucía de Stoia). Reproducido con autorización de Charles Slack y *Reader´s Digest*. ©1995 Charles Slack. (*Chicken Soup for the Woman's Soul*)

¡Ni uno solo! (Traducción: Lucía de Stoia). Reproducido con autorización de Dave Galloway. CSIII. ©1996. (*Condensed Chicken Soup for the Soul*)

Enciende tu luz (Traducción: Lucía de Stoia). Reproducido con autorización de Eric Allenbaugh. ©1995 Eric Allenbaugh. Extraído *de Wake-Up Calls: You Don´t Have to Sleepwalk Through Your Life, Love or Career*. (*Chicken Soup for the Teenage Soul*)

Cumbres de Estados Unidos (Traducción: Cristina Sardoy). Reproducido con autorización de Lisa Manley. ©1994 Lisa Manley. (*A 2nd Helping of Chicken Soup for the Soul*)

En busca de mis alas (Traducción: Lucía de Stoia). Reproducido con autorización de Sue Agustine. ©1996 Sue Agustine. (*Chicken Soup for the Woman's Soul*)

Coraje en acción (Traducción: Lucía de Stoia). Reproducido con autorización de Fleming H. Revell, una división de Baker Book House Co. Extraído *de Goalposts: Devotions for Girls*, de Bill Sanders. ©1995 Bill Sanders. (*Chicken Soup for the Teenage Soul*)

Hemos recorrido un largo camino (Traducción: Lucía de Stoia). Reproducido con autorización de Pat Bonney Shepherd. ©1996 Pat Bonney Shepherd. (*Chicken Soup for the Woman's Soul*)

Uno para el equipo (Traducción: Lucía de Stoia). Reproducido con autorización de Kim Noone. ©1996 Kim Noone. (*A Cup of Chicken Soup for the Soul*)